BEI GRIN MACHT SICH IHR
WISSEN BEZAHLT

Oliver Kimminus

Event als Instrument zur Kundenbindung und Neukundengewinnung am simulierten Beispiel des Weingutes Ruhe & Gelassenheit

GRIN Verlag

Bibliografische Information der Deutschen Nationalbibliothek:

Die Deutsche Bibliothek verzeichnet diese Publikation in der Deutschen National-
bibliografie; detaillierte bibliografische Daten sind im Internet über http://dnb.d-
nb.de/ abrufbar.

Dieses Werk sowie alle darin enthaltenen einzelnen Beiträge und Abbildungen
sind urheberrechtlich geschützt. Jede Verwertung, die nicht ausdrücklich vom
Urheberrechtsschutz zugelassen ist, bedarf der vorherigen Zustimmung des Verla-
ges. Das gilt insbesondere für Vervielfältigungen, Bearbeitungen, Übersetzungen,
Mikroverfilmungen, Auswertungen durch Datenbanken und für die Einspeicherung
und Verarbeitung in elektronische Systeme. Alle Rechte, auch die des auszugsweisen
Nachdrucks, der fotomechanischen Wiedergabe (einschließlich Mikrokopie) sowie
der Auswertung durch Datenbanken oder ähnliche Einrichtungen, vorbehalten.

Impressum:

Copyright © 2012 GRIN Verlag GmbH
Druck und Bindung: Books on Demand GmbH, Norderstedt Germany
ISBN: 978-3-656-34785-9

Hausarbeit zum Thema Event

„Event als Instrument zur Kundenbindung und Neukundengewinnung am simulierten Beispiel des Weingutes Ruhe & Gelassenheit "

Studiengang Wirtschaftspsychologie
Vertiefung: Markt und Werbepsychologie
Modulteilprüfung: Werbung und Werbeerfolgskontrolle

Oliver Kimminus
4. Semester

abgegeben am 21.08.2012 i

Inhaltsverzeichnis

Abbildungsverzeichnis

1 Einführung

Die Gesellschaft in der wir leben befindet sich im Wandel. Erlebnisorientierung und sinnliche Konsumerlebnisse leisten zunehmend ihren Beitrag zur Steigerung von Lebensqualität. Bestärkt wird dieser Wandel von den derzeitigen Werbetrends und „der zunehmenden Erlebnis- und Genussorientierung, im Gesundheits- und Umweltbewusstsein sowie in der Betonung der Freizeit."[1] Die vorliegende Hausarbeit verdeutlicht am Beispiel des fiktiven Unternehmens *Ruhe & Gelassenheit*, wie ein Weingut den Aspekt der Erlebnisorientierung in einer Event-Strategie umsetzen und zur Kundenbindung nutzen kann. Einführend in das Thema erfolgt die Definition von „*Event*" und „*Event-Marketing*". Worauf verschiedene Arten eines Events, seine Merkmale und Gründe für den Einsatz erläutert werden. Im darauf folgenden Kapitel wird des Aspekt der Kundenbindung in Bezug auf ein Event beleuchtet. Der Kern der Arbeit beschreibt die unterschiedlichen Möglichkeiten für eine zielgerichtete werbliche Ansprache im Rahmen des Eventmarketings sowie deren begleitende Maßnahmen zur Kundenbindung. Die Hausarbeit schließt mit einem Ausblick in die Zukunft des Event-Marketing.

2 Events versus Event-Marketing

2.1 Definition Event

In der gängigen Literatur lassen ich eine Vielzahl von Definitionen für die Begriffe Event und Event-Marketing finden. Das Substantiv Event stammt aus dem Lateinischen „eventum" und bedeutet *Veranstaltung*. Dabei finden im Sprachgebrauch gleichberechtigt die Artikel *der* und *das* also „*der Event*" und „*das Event*" Verwendung. Ein Event ist ein „*zielorientiertes bewusst geplantes und inszeniertes einmaliges, mit konkretem Nutzen und hoher Aktivierung sowie anhaltendem Erinnerungswert bei den Teilnehmen wirkendes Ereignis.*"[2] Durch unternehmenskommunikative Maßnahmen sollen demnach emotionale und physische Reize geboten werden, die bei Konsumenten Aktivierungsprozesse auslösen und Informationen kommunizieren, die zur Festigung von Präferenzen zum jeweiligen Produkt oder Unternehmen ihren Beitrag leisten.

2.2 Definition Event-Marketing

Das Event-Marketing ist ein Instrument der Unternehmenskommunikation, welches dem informationsüberlasteten Konsumenten in seiner selektiven Wahrnehmung etwas Besonderes bieten will. Im Fokus steht die erlebnisorientierte Kommunikation in Bezug zu einem Produkt, einer Dienstleistung oder eines Unternehmens. Event-Marketing wird definiert als „*die Inszenierung von Ereignissen mit deren Planung, Organisation und Kontrolle im Rahmen der Unternehmens-*

---

1 vgl. www. praxisinstitut.de
2 vgl. Schulze, G. : Die Erlebnisgesellschaft, 8. A., Frankfurt a.M. 2000

kommunikation. Durch erlebnisorientierte firmen- oder produktbezogene Veranstaltungen werden emotionale und physische Reize sowie starke Aktivierungsprozesse ausgelöst".[3] Das Event-Marketing ist somit die strategische Komponente, während das Event selber das Ergebnis der operativen Umsetzung darstellt. Wesentliches Merkmal eines Events ist die hohe Dialogfähigkeit. Events ermöglichen direkte Kontakte zu anwesenden Konsumenten. Welche Veranstaltungsformen zur Auswahl stehen, verdeutlichen im Folgenden die Typologien von Events.

2.3 Typisierung von Events

In der gängigen Literatur werden eine Vielzahl von Methoden aufgeführt, die Vorschläge bieten, Events in ihren Erscheinungsformen zu kategorisieren. Dazu werden oftmals Merkmalspaare angeboten, anhand derer die Kategorien gebildet werden können. So ist beispielsweise zu kategorisieren nach: *unternehmensinternen* sowie- *externen Zielgruppen* [4,] die Einteilung nach *spezifischer* und *affektiver Kommunikation* [5] oder der Systematisierung nach den Dimensionen *Erlebnisrahmen, Art der Interaktion, Zugehörigkeit des Eventteilnehmers zur Eventzielgruppe* [6].

Wählt man nach Zanger eine eindimensionale Einteilung, so werden Events vorwiegend nach der Zielgruppe kategorisiert. In diesem Fall wäre einzuteilen in *Public- beziehungsweise Corporate Events.* Weiterhin lassen sich nach Zanger in mehrdimensionale Events klassifizieren. Dazu werden meist drei Dimensionen gleichzeitig berücksichtigt. Diese können sein, a) *der Erlebnisrahmen,* b) *die Adressaten* und c) die *Art der Interaktion.* Zur Verdeutlichung zeigt dies Abbildung 1:

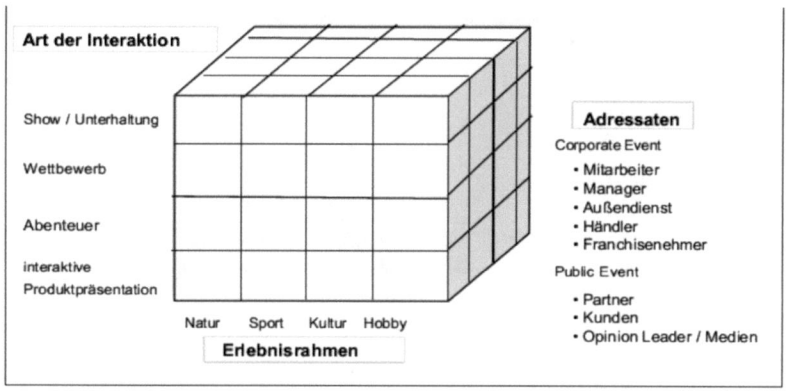

Abbildung 1: Dimensionen des Event-Marketings nach Zanger/Sitenich 1996. S135

3 Auer/Diederichs 1993, S.201 ff.
4 vgl. Meffert, Marketing, 1998, 8 Auflage, Gabler Verlag, S. 715
5 vgl. E. Buß, Typologie der Eventkultur, Eventkultur.lab, Universität Hohenheim, PDF, S.2
6 vgl. Zanger/Sitenich1996, S. 135

Nach *Art der Interaktion* ist demnach die Unterscheidung in Shows, Wettbewerbe, Abenteuer oder interaktive Produktpräsentationen unterteilbar. In einer weiteren Dimension ist nach dem *Erlebnisrahmen* in den Kategorien Natur, Sport, Hobby oder Kultur sowie nach *Adressaten* zu unterteilen. Die am häufigsten eingesetzten Events in der Kategorie Public Events sind auf die Präsentation der emotionalen Erlebniswelt einer Marke wie beispielsweise Road-Shows oder Sportwettbewerbe bezogen oder auf die interaktive Markteinführung neuer Produkte gerichteten Veranstaltungen, bei denen die Aktivierung der Eventteilnehmer unter Verwendung von Elementen aus den Bereichen Kultur, Sport und Abenteuer erreicht wird. In der Kategorie Corporate Events werden Präsentations-, Informations- und Motivationsveranstaltungen erlebnisorientiert durch-geführt, beispielsweise Neuproduktvorstellungen, Kick-off -Meetings zum Start von Projekten, Händler- und Außendienstwettbewerbe, Firmenkonferenzen und – galas, Incentiv-Reisen für Manager und Mitarbeiter. Zur Gestaltung eines Events werden Elemente aus den Bereichen Entertainment, Natur und Sport eingesetzt. Eine aktive Einbeziehung der Eventteilnehmer wird häufig über Wettbewerbe erreicht. Als Sonderform gewinnen Messeevents an Bedeutung, die sowohl für einen öffentlichen Teilnehmerkreis als auch für Fachbesucher veranstaltet werden können. Eine hohe Aktivierung junger Zielgruppen erreichen zur Zeit Internetevents und Events, die das Internet in die Inszenierung einbinden.[7]

Wichtige Typen von Marketingevents im Einzelnen sind:

- Jubiläen/Festakte/Galas
- Händlerpräsentationen
- Kick-Off Meetings
- Motivationsveranstaltungen
- Kongresse/Tagungen/Seminare
- Road Shows
- Promotions-Events am POS
- Incentive-Reisen
- Tag der offenen Tür
- Messen/Ausstellungen
- Pressekonferenzen
- Stationäre Events
- Aktionärsversammlungen
- Internet Events

Im folgenden Kapitel wird die Wirkungsweise von Events beschrieben.

---

7 vgl. Zanger, Claudia.: Eventmarketing

2.4 Wirkungsweisen von Events

Entscheidende Elemente die zur Wirkung eines Events beitragen sind *Aktivierung* und *Emotionalisierung*. Durch die Ansprache mehrerer Sinne werden erlebnisorientierte Inhalte besser vermittelt, der Teilnehmer eines Events wird auf der *emotionalen Seite* angesprochen. Werden olfaktorische, gustatorische, visuelle, auditive und taktile Sinne gleichzeitig beansprucht, wird die Erinnerungsleistung des Gehirns an das Wahrgenommene verstärkt. Hat ein Event z.b. das Ziel Konsumenten stärker an die Marke zu binden, so kann durch die inhaltliche Gestaltung des Events ein höherer Erinnerungswert der Marke erreicht werden, indem alle Sinne der Teilnehmer angesprochen werden. Kroeber-Riel bemisst der Wahrnehmung von Bildern und der damit verbundenen Erlebniswirkung „die größte Bedeutung im Marketing"[8] bei. Hier werden zwei verschiedene Wirkungen von Bildern unterschieden: a) durch sie wird ein Wahrnehmungsklima geschaffen, welches eine bessere Aufnahme von Informationen ermöglicht, als es ohne diese der Fall wäre; b) ebenso bewirken Bilder oder visuelle Reize eine Konditionierung; der Betrachter und Teilnehmer eines Events kann so leichter und schneller zu einer bestimmten Verhaltensweise wie z.b. Kauf eines Produktes bewegt werden. Die Gründe dieser Wirkung liegen besonders in der Tatsache, dass Bilder schneller aufzunehmen und zu verarbeiten sind als beispielsweise Worte. Aufgrund dieser Wirkung sind Events besonders geeignet, um glaubwürdig Botschaften und Informationen zu vermitteln. Durch diesen Prozess der *Emotionalisierung* erfolgt gleichzeitig der zweite kennzeichnende Aspekt eines Events, die *Aktivierung* der Teilnehmer. Durch die emotionale Ansprache durch verschiedene Reize tritt eine „innere Erregung"[9] ein, die Aktivierung. Aktivierung wird auch als „innere Spannung" beschrieben, durch sie wird „der Organismus mit Energie versorgt und in einen *Zustand der Leistungsbereitschaft* und Leistungsfähigkeit versetzt".[10] Diese Leistung wiederum beschreibt die kognitiven Vorgänge im Gehirn des Menschen, wie z.b. Wahrnehmen, Lernen, und Weiteres. [11] Aktivierung ist somit nötig, um eine bessere Aufnahmefähigkeit des Teilnehmers eines Events zu erreichen. Wird der Teilnehmer aktiviert, ist dieser besser in der Lage, Informationen aufzunehmen und zu behalten, der gewünschte Lerneffekt und eine längere Erinnerung treten ein. Die Beziehung zwischen Aktivierung und Leistung stellt sich aber nicht nur positiv dar, die sogenannte „Lambda- Hypothese" beschreibt, dass bei zu hoher Aktivierung die Leistung wieder abnehmen kann.[12] Eine zu hohe Aktivierung kann danach zu Zuständen von *Reaktanz* führen; somit sind bei der Wahl der Reize in einem Marketing-Event Grenzen gesetzt, da sonst eine gegenteilige Wirkung erreicht werden würde. Inwieweit Events zur Kundenbindung geeignet sind, wird im nächsten Kapitel erarbeitet.

---

8 Kroeber- Riel, W. (1996), S. 119
9 Kroeber- Riel, W. (1996), S. 113
10 Kroeber- Riel, W. (1996), S. 58
11 Kroeber- Riel, W. (1996), S. 80
12 Kroeber- Riel, W. (1996), S. 77ff.

3 Grundlagen zur Kundenbindung

3.1 Psychologische Definition Kundenbindung

Der Begriff Kundenbindung ist nach H. Diller wie folgt definiert: „Kundenbindung ist ein (...) komplexes Merkmal der Kunden. Weil dabei sowohl kognitive (...) als auch intentionale Aspekte eine Rolle spielen, liegt es Nahe, Kundenbindung im weiteren Sinne als Einstellung eines Kunden zu einer Geschäftsbeziehung mit einem Anbieter zu definieren, die sich in dessen Bereitschaft zu Folgekäufen niederschlägt. Es handelt sich demnach um eine Einstellung zum Verhalten. (...) Die Bereitschaft zu Folgetransaktionen kann auch rechtliche Bindungen des Kunden umfassen oder durch situative Umstände verursacht sein, sollte also nicht a-priori als freiwillige Bindung definiert werden. (...) Infolgedessen könnte Kundenbindung im erweiterten Sinne als Bereitschaft von Kunden zu Folgekäufen bei einem bestimmten Anbieter definiert werden".[13] Kundenbindung ist ein zweiseitiger Prozess an dem der Konsument wie auch der Produzent beteiligt sind. Die Bedeutung dieser Beziehung wird im Weiteren geschildert.

3.2 Bedeutung der Kundenbindung

3.2.1 Kundenbindung als Managementaufgabe

In zunehmend gesättigten Märkten müssen Unternehmen für Differenzierung sorgen, um sich von Wettbewerbern abzuheben. Dies können Sie erreichen über Produktinnovationen. Nicht jedes Unternehmen ist aber in der Lage die kostenaufwendige Entwicklung neuer Produkte zu leisten. Denen, die es nicht vermögen bleibt die Möglichkeit, die Alleinstellung ihrer Waren und Dienstleistungen über entsprechende Werbemaßnahmen zu erreichen. Was in der Summe unweigerlich zur Informationsüberlastung der Konsumenten beiträgt. Betrachtet man diesen Umstand im Zusammenhang mit der wachsenden Anzahl an Produkten und den dazugehörigen Werbemaßnahmen sowie der beschränkten Wahrnehmungsfähigkeit des Menschen, kann nur ein verändertes Wahrnehmungsverhalten der Konsumenten die Folge sein. Diese können die entstandene Informationsflut nicht mehr überschauen und lenken ihre Wahrnehmung selektiv auf ein für sie geeignetes Maß. Was den Verkauf von Produkten wie auch den Aufbau einer Kundenbeziehung erschwert. Auch unterzieht sich die Gesellschaft einem Wertewandel der, der „aktiven Erlebnisorientierung der 80er und 90er Jahre" gleich kommt.[14] Das Zusammenspiel dieser Einflüsse macht den Wunsch der Kunden nach mehr Individualität deutlich und erklärt die hohe Bedeutung von Kundenbindung. Ein weiterer Aspekt, der Kundenbindung als Managementaufgabe festigt ist der, dass es bekannterweise mehr Geld kostet einen verlorenen Kunden durch einen neuen zu ersetzen als einen bestehenden zu halten. Kundenbindung und -gewinnung unterliegt demnach einer Kostenfunktion.

---

13 vgl. Diller 1996

14 Opaschowski, Horst, Vom Versorgungs -zum Erlebniskonsum: Die Folgen des Wertewandels, in: N ickel, O. (1998), S 26

3.2.2 Interdependenz von Produzent und Konsument

Unter dem Aspekt der Interdependenz zwischen Produzent und Konsument kann Kundenbindung als ein *zweiseitiger Prozess* verstanden werden der Unternehmen und Kunden gleichermaßen integriert. Aus dieser Gleichstellung heraus entspringt der Gedanke einer Partnerschaft oder intensiven Beziehung zwischen Konsument und Produzent. Angestrebt wird eine dauerhafte Kommunikation zwischen beiden Partnern, um über diese Beziehung eine Bindung des Kunden an das Unternehmen zu erreichen. In diesem Kontext wird auch von individuellem Partnerschafts-marketing gesprochen, welches sich als eigene Richtung im Bereich Marketing etabliert hat.[15] Inwieweit das Event-Marketing dem Beziehungsgeflecht zwischen Kunde und Produzent in seinen Erscheinungsformen Rechenschaft trägt, wird im übernächsten Kapitel beschrieben. Zunächst folgt die Beschreibung dessen, was einem Event voraus geht – der Planungsprozess.

4 Umsetzungsphasen eines Events
4.1 Event Strategie

Eine Strategie bezeichnet die Art und Weise eines geplantes Vorgehens zur Zielerreichung. Sie dient als Grundlage für weitere Planungen. Die Strategieentwicklung im Event-Marketing kann im Unternehmen erarbeitet oder zum Beispiel, von Kunden an eine Event-Agentur übergeben und dort erarbeitet werden. Unabhängig davon wer die Entwicklung ausführt, steht am Anfang die Situationsanalyse. Mit dieser werden Ziele und Zielgruppen bestimmt. Um den Erfolg des Events bewertbar zu machen, ist es erforderlich, die *Messbarkeit* der Ziele zu gewährleisten. Zu diesem Zweck ist es sinnvoll in strategische und operative Ziele zu unterteilen. So können zum Beispiel Unterziele wie „Markenbekanntheitsgrad erhöhen" oder „Aktivierung auslösen" bestimmt werden. Mit der Zieldefinition einher geht die Bestimmung der Zielgruppe. Im allgemeinen werden bei der Event-Planung zwischen Primär- und Sekundärzielgruppen unterschieden.[16] Unter der *Primärzielgruppe* versteht man alle Personengruppen, die unmittelbar an einem Event teilnehmen. Die *Sekundärzielgruppe* wird über Medien oder andere Kommunikationsformen in das Event integriert. An die Bestimmung der Ziele und Zielgruppen folgt die Definition der Eventart sowie der Rahmenbedingungen. Worauf die Teilnehmerzahl bestimmt, die Location (zum Beispiel Stadthalle) gewählt und für das Catering gesorgt wird. Im Weiteren erfolgt die Terminierung und die Auswahl des Ortes an dem das Event stattfinden wird. Auf Grundlage dieser Daten werden Anforderungen an das Event gestellt, die als Basis der weiteren Planung dienen und im nächsten Kapitel beschrieben wird.

15 Vgl. Gründling, C. (1998), S. 84
16 vgl. Instiutu für Wirtschaftsimformatik, Refernezgeschäftsprozesse des Eventmanagements , Heft 186, S.15

4.2 Event Planung

In der Planungsphase werden die strategischen Vorgaben in die Tat umgesetzt. Diese Phase wird durch prüfende Aktivitäten geprägt, wie etwa Überwachung des Budgets oder der Abgabetermine. Zentrale Aufgabe ist die Entwicklung des Event-Konzepts. Diese Phase ähnelt in ihren Methoden sehr denen des Projektmanagements. Nachdem das Team zusammengestellt und Arbeitspakete verteilt sind, folgt der konzeptionelle Aufgabenbereich. Hier werden Ideen auf ihre Realisierbarkeit, geprüft, worauf das Konzept entwickelt wird. Nach Konkretisierung aller Einzelheiten kann die Freigabe für das Event erteilt werden und die Realisierung kann beginnen.

4.3 Event-Realisierung

Es beginnt die eigentliche Realisierung des Events. Im Kern dieser Phase stehen Prozessabläufe, Koordination der Mitwirkenden und die kurzfristige Problembearbeitung. Die Kulissen werden errichtet, Technik installiert und Abläufe geprobt.

4.4 Event Kontrolle

Die Kontrolle des Events findet während allen Phasen statt. Über das „Controlling" werden Abweichungen erkannt und Ursachen identifiziert. Zu jeder Phase eines Events werden Risiken identifiziert, analysiert und bewertet. So ist festzustellen, worin die genaue Ursache liegt, wie hoch die Eintrittswahrscheinlichkeit ist und in welcher Höhe der mögliche Schaden ausfallen würde. Daraufhin werden Maßnahmen festgelegt, welche das bestehende Risiko beheben. Während der Umsetzung eines Events finden weiterhin unterschiedliche Kontrollmechanismen Anwendung. Mit Hilfe einer Machbarkeitsstudie während der strategischen Phase des Events wird die Rahmenbedingungen und deren Umsetzbarkeit ermittelt. Ergebnisse im Anschluss an das Event werden mit Marktforschungsmethoden ermittelt. So ist zum Beispiel die Befragung der Teilnehmer im Hinblick darauf, ob die gesetzten Ziele erreicht wurden, eine Methode. Gemäß den Grundelementen des Controllings Planung, Kontrolle, Information findet im Anschluss an das Event eine Teamsitzung satt. Ziel dabei ist Informationen auszutauschen, die der Qualitätssicherung dienen. Dabei werden Verbesserungsvorschläge erarbeitet oder besonders erfolgreiche Arbeiten festgehalten, um das Wissen für folgende Veranstaltungen nutzbar zu machen.Welche Arten von Events das Resultat planerischer Arbeit sein können, zeigt das nächste Kapitel.

8

5 Events am simulierten Beispiel der Firma Ruhe & Gelassenheit

5.1 Geeignete Events zur Kundenbindung und -neugewinnung

Dem Weingut in Rheinhessen *'Ruhe & Gelassenheit'* stehen nahezu alle genannten Möglichkeiten (vergleiche 2.3) an der Umsetzung eines Events offen. Das Weingut möchte aber bestehende Kunden binden und neue gewinnen. Somit sind bereits bestimmte Kategorien vorgegeben. Zunächst wäre dies nach Zanger ein *Public-Event*, welches sich an „*unternehmensexterne Zielgruppen*" wendet. Diese sind in der Regel Partner, Kunden, Medien also die, die nicht direkt im Dienste des Weinguts stehen. Mit dem Event sollen zugleich neue Kunden gewonnen werden, dass bedeutet, die Teilnahme von Noch-nicht-Kunden an dem Event ist erwünscht. Diese müssen eingeladen werden (vergleiche 5.2). Das Weingut möchte schließlich neue Kunden gewinnen. Ob dieses Event ein- oder mehrdimensionale Züge annimmt, hängt von der Strategie des Events ab (vergleiche 2.3). Darüber hinaus gilt, der Weg, einen Kunden an eine Marke zu binden oder einen neuen Kunden zu gewinnen, ist ein *sozialer Prozess*, in dem *Gefühle, Erlebnisse, Einstellungen,* aber auch in nicht unerheblichen Maße *Präferenzen* eine überragende Rolle spielen. Diese stellen sich über die Wahrnehmung ein. Die Wahrnehmung bezieht sich auf alle möglichen *Einflüsse von außen* wie auch *internen Referenzen*. Stimmen Wahrnehmung und Erwartung überein, stellt sich Zufriedenheit mit einer Marke ein. Diese Zufriedenheit hervorzurufen, beziehungsweise zu verstärken ist Aufgabe eines jeden Events. Kundenbindung stellt sich im Rahmen einer beiderseitigen Partnerschaft ein. Neukundengewinnung stellt sich über die Übereinstimmung von Angebot und Präferenz ein. Die Grundlage für diese Geschäftsbeziehung kann auf einem *Kundenevent* geschaffen werden. Voraussetzung für eine Partnerschaft ist das Vertrauen beider Seiten, besonders aber das Vertrauen des Kunden.[17] Ein Event ist nun aufgrund seiner speziellen Eigenschaften in der Lage, dieses Vertrauen besonders leicht aufzubauen oder zu festigen. Eine besondere Rolle spielt hierbei der *Aktivierungsprozess* der Teilnehmer durch die Emotionalisierung. Die emotionale Ansprache ermöglicht einen gezielten Imageaufbau und schafft eine besondere Art der Verbundenheit.[18] Erreicht diese zielgerichtete Ansprache im Sinne einer gezielten Kommunikation den Rezipienten, so kann Kundenzufriedenheit entstehen. Ebenso relevant ist der Faktor der Differenzierung. Hier zum Beispiel durch eine *exklusive Veranstaltung*. Dazu werden ausgewählte Personen eingeladen, um eine möglichst zielstimmige Ansprache dieser Gruppe zu erreichen. Durch diese Auswahl wird die „Bildung einer geschlossenen, sozialen Gemeinschaft" angeregt und der Gedanke der Zugehörigkeit zu einer auserwählten Gruppe verstärkt. Auch hier kann durch die zielgerichtete,

---

17 Vgl. Rapp, Reinhold, Customer Relationship Management, 2. Auflage, Frankfurt a.M., 2001, S. 169

18 Vgl. Rapp, R. (2001), S. 170

gelenkte Kommunikation und dem Gefühl der Zugehörigkeit zu einer Gruppe, diese an das Weingut gebunden werden. Die Art eines Events kann genauso auf den Grad der emotionalen Ansprache Einfluss nehmen. Grundsätzlich kann dabei zwischen integrierten und passiven Events unterschieden werden. Das Kennzeichen eines *integrierten Events* ist eine aktive Teilnahme des Kunden. Diese erhalten zum Beispiel die Möglichkeit einen neuen Wein zu probieren oder werden in einen Wettbewerb eingebunden. Durch die aktive Beteiligung des Teilnehmers wird dieser stärker angesprochen und somit auch stärker aktiviert. Das Kennzeichen *passiver Events* ist demzufolge die nicht aktive Teilnahme. Hierbei wird – auch wenn das Attribut dies vermuten läßt - nicht weniger darauf gesetzt Emotionen zu wecken. Für das Weingut wäre hier darauf zu achten, dass die Kunden sich angesprochen und in ihren Sinnen berührt fühlen. Was zu erreichen wäre über eine visuelle Darbietung einer Inszenierung auf einer Bühne, die zum Beispiel verschiedene Weintrinker-Charaktere darstellt oder einer dem Weingebiet entsprechenden Gestaltung der Location, die aktiviert und Lust zum Verzehr eines Glas Wein mit sich bringt. In beiden Fällen wird durch die emotionale Ansprache und der Aktivierung das Gefühl von Gemeinschaft und Zugehörigkeit verstärkt und so die Grundlage für eine Geschäftsbeziehung gebildet. Um eine *kognitive Aktivierung* zu erreichen, kann versucht werden mit beispielsweise Provokationen, der Reizung der Sinne (vergleiche 2.4) oder Überraschungseffekten zu arbeiten. Verstärkt werden diese Aspekte über ein stimmiges Gesamtkonzept, welches die Zielgrößen Aktivierung, Emotionalisierung, Wissensbildung, Einstellungsbildung und Motivansprache beinhaltet. Über die Differenzierung von der Konkurrenz durch Originalität und Alleinstellung wird die Wahrnehmung des Teilnehmers auf die Marke gelenkt und versucht, diesen für sich einzunehmen. Das Ziel dabei ist über den direkten Kontakt mit der Marke, hier das Kennenlernen des Weinguts, die Verköstigung, das Arrangement des Events im Ganzen, die Wahrnehmung des Teilnehmers so zu beeinflussen, dass sich seine Einstellung ändert beziehungsweise verstärkt. Im ersten Fall kann so ein neuer Kunde gewonnen und zweiten Fall ein bestehender Kunde an das Weingut gebunden werden. Beide Ziele sollten weiterhin mit begleitenden Maßnahmen gefördert werden. Diese werden im Weiteren beschrieben.

5.2 Begleitende Maßnahmen

Mit Abschluss der Planungsphase und der Freigabe des Events beginnt die Realisierung des Events (vergleiche 4). Dazu gehört es zunächst Einladungen an die eigentlichen Teilnehmern, den Kunden und Partnern des Weinguts zu verschicken . Ist das Event wie am Beispiel des Weinguts Ruhe & Gelassenheit an unternehmensexterne und zusätzlich an unternehmensfremde Zielgruppen gerichtet, ist es ratsam, Pressemappen zu erstellen und diese an die betreffenden Vertreter der Presse zu versenden, in der Hoffnung, dass über das Event geschrieben und so bereits im Vorfeld eine positive

Einstellung in der Zielgruppe gegenüber der Veranstaltung entsteht und diese motiviert werden, das Event zu besuchen. Plakate und Hinweisschilder dienen dabei demselben Zweck. Diese sind eine empfehlenswerte Absicherung für den Fall, dass die Pressevertreter das Event nicht ankündigen. Während der Veranstaltung sollen die Gäste so stark wie möglich von dem Event angetan sein. Dazu tragen freundliche Servicemitarbeiter bei, die sich um das Wohl der Teilnehmer bemühen. Andere geschulte Mitarbeiter sollten in der Lage sein, dass Weingut zu repräsentieren und auf Fragen der Teilnehmer kompetent zu antworten. Give-aways, wie Druckmaterial oder auch kleine Kostbarkeiten aus dem eigenen Anbau sind effektvolle Geschenke, um Eindruck zu hinterlassen und Kompetenz und Qualität sowohl des beratenden Mitarbeiters als auch des Weinguts zu unterstreichen.

6 Fazit (Ausblick in die Zukunft des Event-Marketing)

Im Hinblick auf die immer stärker zunehmende Sättigung der Märkte und die damit immer größer werdende Flut an Werbebotschaften werden entsprechend immer neue Methoden gefunden werden müssen, um von Konsumenten wahrgenommen zu werden. Betrachtet man man die Rahmenbedingungen von Event-Marketing, so lässt sich schlussfolgern, dass die Bedeutung von Events in der Zukunft weiter wachsen wird. Besonders der Informationsüberfluss in der klassischen Werbung und der erwähnte Wertewandel tragen dazu bei, dass Events sich für Kundenbindung sehr gut eignen. Das ein Event zur Neukundengewinnung die gleiche Wirkung erzielt ist fraglich, da auf den Kaufentscheid eine Menge weiterer Einflüsse wirken. Der Trend, Events als Instrument der Kundebindung einzusetzen wird sich vermutlich weiter fortsetzen. Grundlegend für die Bedeutung von Events sind die Aspekte der Aktivierung und Differenzierung zu nennen. Durch diese zwei Eigenschaften wird den heutigen Wünschen der Kunden entsprochen und das Ziel der Kundenbindung leichter erreicht. Beachtet werden muss hierbei aber auch die Gefahr, dass das Konzept von Events falsch angewandt wird. Durch eine zu große Informationsflut und eine zu starke Aktivierung kann die Wirkung von Events ins Gegenteil gekehrt werden und sich Reaktanz einstellen. Auch der Trend zur Schnelllebigkeit in der Gesellschaft kann dazu führen, dass Events auch wieder an Bedeutung verlieren, wenn sich die Konzepte immer mehr ähneln und ihre Einzigartigkeit verlieren. Abschließend lässt sich behaupten, dass Events derzeit und auch in naher Zukunft als Mittel zur Kundenbindung gut geeignet sind und sich ihre Bedeutung unter den anderen Instrumenten der Kundenbindung erst mal noch erhöhen wird.

Literaturverzeichnis

Internetseiten:

Loos, Peter: *Referenzgeschäftsprozesse des Eventmanagements.* In: www.unisaarland.de. Stand: August 2012. URL: http://www.uni-saarland.de/fileadmin/user_upload/Fachrichtungen/fr13_BWL/professuren/PDF/IWi-Heft_186.pdf

Buß, Eugen: *Typologie der Eventkultur.* [Unveröffentliches Diskussionspapier, Lehrstuhl für Soziologie und empirische Sozialforschung, Universität Hohenheim]. In: www.eventkultur-lab.de Stand: August 2012. URL: http://www.eventkultur-lab.de/img/static/uUpload/typologiedeventk.pdf

Eigenständige Werke:

Auer, Manfred/ Frank A. Diederichs (1993): *Werbung below the line – Product Placement, TV Sponsoring, Licensing. 8. Auflage, Landsberg: Econ Taschenbuch-Verlag*

Diller, Hermann (1996): *Kundenbindung als Marketingziel.* 5. Auflage, Wiesbaden: GWV Fachverlage GmbH

Meffert, Heribert (1998): *Marketing. Grundlagen marktorientierter Unternehmensführung.* 8 Auflage, Wisebaden: Gabler Verlag

Kroeber-Riel, Werner (1996): *Konsumentenverhalten.* 6. Auflage, München: Vahlen Verlag

Rapp, Reinhold (2001): *Customer Relationship Management. Das neue Konzept zur Revolutionierung der Kundenbeziehungen.* 2. Auflage, Frankfurt a. M.: Campus Verlag

Schulze, Gerhard (2000): *Die Erlebnisgesellschaft.* 8. Auflage, Frankfurt a.M.:Campus Verlag

Sammelband:
Gründling, Christian (1998): *Bedeutung der Kundenbindung im Rahmen des Eventmarketing.* In: Nickel, Oliver (Hg): *Eventmarketing. Grundlagen und Erfolgsbeispiele.* 1 Auflage S.27, München: Vahlen Verlag

Opaschowski, Horst (1998): *Vom Versorgungs- zum Erlebniskonsum. Die Folgen des Wertewandels.* In: Nickel, Oliver (Hg): *Eventmarketing. Grundlagen und Erfolgsbeispiele.* 1. Auflage, S.25 -38, München: Vahlen Verlag

Zanger, Claudia/ Sistenich, Frank (1996): *Eventmarketing- Bestandsaufnahme, Standortbestimmung und ausgewählte theoretische Ansätze zur Erklärung eines innovativen Kommunikationsinstru-ments.* In: *Marketing Zeitschrift für Forschung und Praxis.* (Heft 4) S. 233- 242, Heidelberg: Academia-Press